In unseren Veröffentlichungen bemühen wir uns, die Inhalte so zu formulieren, dass sie allen Menschen gerecht werden, dass sich alle Geschlechter angesprochen fühlen, wo alle gemeint sind, oder dass ein Geschlecht spezifisch genannt wird. Nicht immer gelingt dies auf eine Weise, dass der Text gut lesbar und leicht verständlich bleibt. In diesen Fällen geben wir der Lesbarkeit und Verständlichkeit des Textes den Vorrang. Dies ist ausdrücklich keine Benachteiligung einzelner Geschlechter.

Dieser Titel ist entstanden in Zusammenarbeit mit dem Bibellesebund Schweiz, www.bibellesebund.ch, und der Deutschen Bibelgesellschaft, www.die-bibel.de.

Impressum

© 1. Auflage 2024
Praxisverlag buch+musik bm gGmbh, Stuttgart 2024

Praxisverlag buch+musik bm gGmbh, Stuttgart; www.praxisverlag-bm.de
ISBN Buch 978-3-86687-366-7
ISBN E-Book 978-3-86687-367-4

Deutsche Bibelgesellschaft, Stuttgart; www.die-bibel.de
ISBN Buch 978-3-438-03992-7
ISBN E-Book 978-3-438-07273-3

Lektorat: buch+musik – Marlen Bleiholder, Stuttgart
Umschlaggestaltung, Satz Downloads: buch+musik – Toby Wolf, Stuttgart
Satz: buch+musik, Stuttgart – unter Verwendung von parsX
der pagina GmbH, Tübingen
Bildrechte Umschlag, Inhalt, Downloads: iStock: Vitalii Dumma;
unsplash: Marjan Blan
Bildrechte Fotos: Sara Schmidt, Steffisburg
Bildrechte Illustrationen: Bianca Stegmaier, Ditzingen
Bildrechte Fotos von Autorin und Illustratorin: bei Autorin/Illustratorin
Druck und Gesamtherstellung: KRÜGER Druck+Verlag GmbH & Co. KG, Merzig

Sara Schmidt

MACH MIT METHODEN

25x MIT KINDERN ZUR BIBEL GESTALTEN

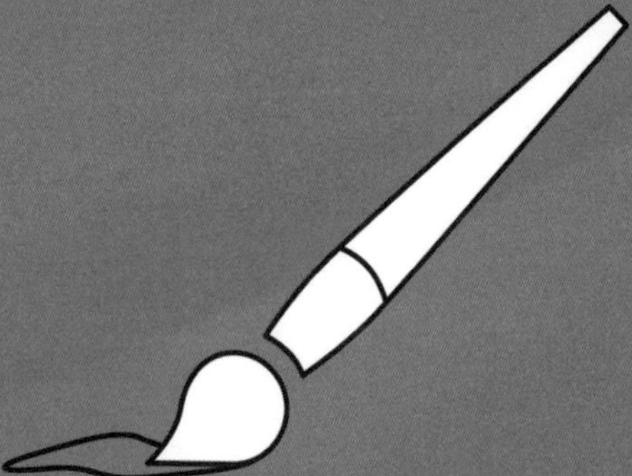

Inhaltsverzeichnis

Einleitung

Mit Kindern zur Bibel gestalten

Sich schöpferisch und kreativ auszudrücken, ist ein tiefes Bedürfnis von Kindern. Damit die Kinder möglichst viel Freude daran haben, sollte beachtet werden:

- Einladende Umgebung: Eine Mal- oder Bastelecke sollte hell und ansprechend eingerichtet sein und unterschiedliche Materialien beinhalten (Recycling- und Naturmaterialien, Farben, Papier, Werkmaterialien, ...), auf die die Kinder selbstständig zugreifen können.
- Raum zum Ausprobieren: Das Experimentieren und die Lust am eigenen Tun und Erleben sind wichtiger als ein fertiges Produkt. Daher sollten die Arbeiten der Kinder nicht bewertet werden. Stattdessen lieber interessiert nachfragen, warum ein Werk wie gestaltet wurde.
- Aufmerksame Begleitung: Die Leitung beobachtet und begleitet den kreativen Prozess. Bei Misserfolgen oder wenn das Kind nicht weiterkommt, unterstützt sie durch Fragen und Impulse. Außerdem ist es wichtig, Materialien, Werkzeuge und ihre Handhabung einzuführen und mit den Kindern Regeln für den Gebrauch festzulegen.

Durch die kreative Tätigkeit finden Kinder einen Zugang zu ihren inneren Bildern und Emotionen. Neugierig probieren sie aus und erproben ihre eigene Handlungsfähigkeit. Durch das Experimentieren mit verschiedenen Materialien und Techniken entwickeln sie ihre Feinmotorik und Hand-Auge-Koordination. Sie lernen, eigene Ideen zu entwickeln und umzusetzen und Problemlösungsfähigkeiten zu entfalten. Das kreative Gestalten stärkt ihr Selbstbewusstsein, ihre emotionale Ausdrucksfähigkeit und ihre Konzentration. Zum kreativen Gestalten zählen unter anderem das Malen, Werken, Modellieren, Schreiben und Fotografieren.

Die Methoden dieses Bandes

Die hier aufgenommenen Methoden wollen Kinder in ihrem kreativen Experimentieren und Gestalten mit unterschiedlichen Materialien fördern. So gibt es zum einen Methoden, in denen Papier und Farben auf ganz unterschiedliche Weise zum Einsatz kommen, z.B. „Bildlücken" und „Reißbilder". Andere Methoden, z.B. das „Filzen", arbeiten mit Textilien. „Lege-Mosaik" und „Miniaturmodell" beinhalten Lege- und Baumaterial und laden zum Gestalten und Konstruieren ein. „Liegebilder" ermöglichen einen gestalterischen Ausdruck mit dem eigenen Körper. „Knautsch-Dinger" und „Knetfiguren" gehören zu den plastischen Gestaltungstechniken. Außerdem führt der Band auch eine Reihe von Methoden auf, die vielfältige Materialien mit unterschiedlicher Struktur und verschiedenen Arbeitstechniken kombinieren. Die „Foto-Story" und die „Assemblage" sind hierfür nur zwei Beispiele.

In diesem Band nicht abgebildet sind Methoden, mit denen zur Bibel kreativ geschrieben wird und Methoden zum musischen Gestalten.

Die Einsatzmöglichkeiten

Die Methoden in diesem Band können unterschiedlich eingesetzt werden. Das „Bilddiktat" eignet sich z.B. für die Begegnung mit einer biblischen Geschichte. Die meisten Methoden kommen jedoch eher nach der Darbietung der Geschichte zum Einsatz. Mit „Lapbook" oder „Comic XXL" setzen sich die Kinder gestalterisch mit einem

Bibeltext auseinander. Auch das „Bible Art Journaling" bringt das, was die Kinder an einem Text berührt, in ein Bild.

Oft ist es bei Kindern auch so, dass die Lust zum Gestalten von der Tätigkeit an sich ausgelöst wird. Die Methode „Freies Gestalten" stellt darum eine Palette an Materialien und Werkzeugen zur Verfügung und lässt bewusst Raum für eigenes Gestalten und Ausdrücken. Auch die „Schaumbilder" stellen das Experimentieren in den Vordergrund. Bei einigen Methoden ist es für die Umsetzung wichtig, dass die Kinder Material, Beschaffenheit und Verarbeitungsmöglichkeiten gut kennen. Ein Beispiel dafür ist die „Frottage".

Die meisten Methoden dieses Bandes werden als Einzelarbeit durchgeführt. So liegt der Schwerpunkt darauf, dass die Kinder ihre je eigene Gestaltungs- und Ausdrucksweise finden, die zu ihnen passt. Doch auch solche Methoden, die das Planen und Arbeiten in der Gruppe ermöglichen, wie z.B. die „Ergänzungs-Collage", sind in diesem Buch zu finden.

Die Altersangaben

Anhand der Icons unter dem jeweiligen Methodennamen ist eine Einschätzung, in welcher Altersgruppe die Methode gut durchführbar ist, leicht möglich. Sie orientiert sich an den erforderlichen Kompetenzen, die Kinder für den Umgang mit einem Material oder einer Gestaltungstechnik mitbringen müssen. Die Altersangaben sind jedoch nicht als absolute Angaben zu verstehen. Methoden können auch für jüngere oder ältere Kinder angepasst werden, indem für die jüngeren Materialien reduziert und Arbeitsschritte vereinfacht werden. Bei älteren Kindern können unbekanntes Material (z.B. besondere Stifte, eine andere Technik) zu neuer Experimentierfreude anregen.

Die Reihe „Mach mit-Methoden"

Die „Mach mit-Methoden" befähigen Kinder, Geschichten und Texte aus der Bibel möglichst selbstständig und gemeinsam mit anderen zu entdecken. Die Reihe möchte inspirieren und ermutigen, bei der Wahl der Methoden die Kinder stärker in den Blick zu nehmen. Ihre Lust am Entdecken und Spielen, ihre Gestaltungsfreude, ihre Fragen und Antworten, ihre Möglichkeiten des Verstehens, ihre Deutungen und Gottesvorstellungen sollen im Mittelpunkt stehen.

Die Auswahl der Methoden

Bei der Auswahl der Methoden dreht sich alles um das Entdecken biblischer Geschichten und um die Vertiefung der Beschäftigung mit biblischen Texten. Die ausgewählten Methoden sind darauf ausgerichtet, dass die Kinder zwar angeleitet, aber dann selbst aktiv werden. Jeder Band der „Mach mit-Methoden"-Reihe bündelt verschiedene Methoden zu einem bestimmten Thema.

Die Kompetenzen

Eine Vermittlung, die Kindern eine aktive Rolle zugesteht, stellt andere Anforderungen an Kinder und Erwachsene. Neben dem inhaltlichen Verständnis einer Geschichte, geht es beispielsweise darum, selbst Entdecktes zu beschreiben, eigene Sichtweisen zu erklären, Inhalte zu deuten oder etwas kreativ darzustellen. Die Kompetenzen unter jeder Methode zeigen auf, welche Kompetenzen durch eine Methode erworben und entwickelt werden können. Es handelt sich um sogenannte prozessbezogene Kompetenzen, die miteinander verknüpft sind:

- **Wahrnehmen:** Die Kinder staunen über Geschichten und beschreiben, was sie im Innern bewegt. Sie nehmen religiöse Phänomene, Symbole und Erfahrungen als solche wahr und ordnen sie ein. Sie sammeln ästhetische Erfahrungen. Sie äußern Fragen nach Ursprung, Sinn und Ziel des Lebens.
- **Verstehen:** Die Kinder eignen sich Wissen und Bibelverständnis an. Sie fragen nach, beobachten, erforschen, kombinieren. Sie lernen wichtige Grundbegriffe und religiöse Symbole kennen und verstehen. Sie nutzen dabei verschiedene Medien, Materialien und Werkzeuge.
- **Sprechen:** Die Kinder tauschen sich mit anderen aus. Sie vergleichen ihre Beobachtungen und Gedanken. Sie vertreten ihre Meinung, hören aber auch anderen zu und fühlen mit. Sie wenden Mimik, Gestik und (religiöse) Sprache an.
- **Handeln:** Die Kinder gestalten, stellen dar, werden schöpferisch tätig. Sie agieren plan- und fantasievoll, wenden Techniken und Methoden an. Sie probieren christliche Praxis aus.
- **Reflektieren:** Die Kinder vergleichen, unterscheiden, deuten eine Geschichte, ordnen sie ein und bewerten sie. Sie finden selbst eine Position und beziehen die Perspektive anderer ein.

In der Arbeit können die Kompetenzen helfen, die Methoden an sich besser einzuordnen: Welche Kompetenzen ermöglicht eine Methode? Wofür eignet sie sich? Was kann sie leisten und was nicht? Das hilft bei der Auswahl einer Methode und bewahrt auch davor, eine Methode zu überfrachten.

Der Aufbau der Methoden

Symbole:

Geschätzte Zeit für die Durchführung: kurz, mittel oder lang

Altersangaben: von 6 Jahren an aufwärts

Sozialform: Einzel-, Partner- oder Gruppenarbeit

Aufwand: niedrig, mittel oder hoch

Schwarz: Die praktische Umsetzung der Methode. Die Beschreibung enthält alles benötigte Material, ggf. in Klammern einen Hinweis auf Vorlagen zum Download, die allgemeine Beschreibung der Methode mit den einzelnen Schritten und einen Praxisbezug. Wo auf Bastelvorlagen zum Download verwiesen wird, ist das benötigte Bastelmaterial im entsprechenden Download aufgelistet. In der Materialliste zur Methode selbst steht dann nur der Hinweis auf den Download und „entsprechendes Material". Wird in der Beschreibung auf andere Methoden verwiesen, ist das immer durch Anführungszeichen gekennzeichnet.

Grau: Zusätzliche Informationen. Dazu gehören die Kompetenzen, die eine Methode fördert und fordert, und der Querverweis (••) auf einige ausgewählte biblische Geschichten, die sich für diese Methode eignen.

Die Downloads und externen Links

Unter download.praxisverlag-bm.de stehen zu den Methoden zusätzliche Materialien in digitaler Form zum Download zur Verfügung. Die meisten Vorlagen können auf geeignetem Papier ausgedruckt werden. Für wiederholten Einsatz und bessere Haltbarkeit bietet es sich an, die Vorlagen vor dem Ausschneiden zu laminieren.

Der Kauf berechtigt zum Downloaden, Ausdrucken, Kopieren und Verwenden der Daten, sofern sie zur Vorbereitung und Durchführung der Inhalte dieses Buches verwendet werden. Eine Vervielfältigung, Verwendung oder Weitergabe darüber hinaus ist ohne Erlaubnis ausdrücklich nicht gestattet.

Für in diesem Titel enthaltene Links auf Websites/Webangebote Dritter übernehmen wir keine Haftung, da wir uns deren Inhalt nicht zu eigen machen, sondern sie lediglich Verweise auf den Inhalt darstellen. Die Verweise beziehen sich auf den Inhalt zum Zeitpunkt des letzten Zugriffs: 17.11.2023.

Bilddiktat

Geschichten hören und gleichzeitig in Bilder umsetzen, eine eigene Interpretation finden.

Material
Papier (120–160 g), geeignete Stifte, überarbeiteter Bibeltext oder Kinderbibel zum Vorlesen

Beschreibung
Beim Bilddiktat skizzieren die Kinder, ohne in Details zu gehen. Es eignen sich Texte mit ausdrucksstarken Bildern, die als Szene oder Symbolbild gezeichnet werden können. Der Text sollte so überarbeitet werden, dass Bilder verstärkt und schwierige Textpassagen vereinfacht werden. Ob man mit normalen Buntstiften arbeitet, Bleistifte, Leuchtfarben oder Wachsmalstifte einsetzt, variiert je nach Geschichte und Kindergruppe. – Die Kinder sitzen in Gruppen an Tischen. Alle erhalten Papier (mindestens DIN A4) und geeignete Farbstifte. Nun liest die Erzählerin / der Erzähler abschnittsweise einen überarbeiteten Text oder einen Text aus einer Kinderbibel vor. Die Kinder zeichnen dazu. Auf ausreichend Pausen achten. Wenn gewünscht, können die Kinder ihre Zeichnungen in einer Folgemethode weiterführen und im Anschluss einander präsentieren. Bleibt es bei dieser Methode, vergleichen die Kinder am Ende ihre Werke innerhalb ihrer Gruppe: Wer hat was wie gezeichnet und warum?

Praxisbezug

Für die eigene Vorarbeit am Text kann es hilfreich sein, in Kinderbibeln die Bilder zum jeweiligen Text zu betrachten. Den Inhalt der Handlung in drei bis vier sinnvolle Abschnitte aufteilen. – Bei der Durchführung für Skizzen einfacher Szenen ca. 3 Minuten Zeit lassen, für komplexere Szenen bis zu 5 Minuten. Wird die Zeit zum Malen eher kurz gehalten, hilft das den Kindern, sich auf wesentliche Inhalte zu konzentrieren.

Kompetenzen

Die Kinder können sich Informationen bildlich vorstellen, das Gehörte spontan mit eigenen einfachen Bildern und Formen umsetzen und ggf. ausgestalten. Sie können Bildinhalte vergleichen und mit anderen darüber sprechen.

•• 1. Mose 12,1-9: Gott beruft Abraham (Abram) / 1. Samuel 17,41-51: David besiegt Goliat / Matthäus 2,1-12: Jesus – von den Völkern erwartet und als König begrüßt / Lukas 4,1-13: Jesus wird auf die Probe gestellt

Bildlücken

6+

Bildlücken mit der eigenen Fantasie füllen und gestalten.

Material

1 beliebiges unvollständiges Bild pro Kind auf geeignetem Papier, Buntstifte, Bibeln

Beschreibung

Die Kinder sitzen an Tischen, das Material liegt aus. Die Kinder betrachten das unfertige Bild, füllen die Lücken in ihrer Fantasie und vervollständigen das Bild entsprechend. Sind die Kinder fertig, können sie ihre Bilder vorstellen. Die Moderation greift die unterschiedlichen „Lösungen" auf. Dabei können Interpretationen gesucht und verglichen werden. Wichtig ist, dass nicht bewertet wird.

Praxisbezug

Neben Buntstiften lassen sich auch wasservermalbare Stifte einsetzen, wenn das Bild auf ausreichend stabilem Papier (mindestens 160 g) ausgedruckt wurde. Diese Technik fasziniert viele Kinder und regt ihre Fantasie zusätzlich an.

Tipp

Die „Kinder-Bibel zum Selbstgestalten" enthält Bildelemente oder Symbole zu einer großen Auswahl an Geschichten und lädt zum kreativen Gestalten ein: Landgraf, Michael: Kinder-Bibel zum Selbstgestalten, Deutsche Bibelgesellschaft in Zusammenarbeit mit Calwer Verlag, Stuttgart ^{3}2018.

Kompetenzen

Die Kinder können eigene Vorstellungen zur Geschichte malen und gestalten. Sie können ihr Bild vorstellen und die Ergebnisse anderer betrachten.

•• 1. Mose 25,19-34: Jakob und Esau. Verkauf des Erstgeburtsrechts / 1. Mose 41,14-44: Josef deutet die Träume des Pharaos und wird sein Stellvertreter / Matthäus 2,13-23: Flucht nach Ägypten und Rückkehr nach Nazaret / Lukas 1,57-66: Der Täufer Johannes wird geboren

Motiv-Verstärkung

8+

Ein Bild betrachten, wichtige Elemente hervorheben.

Material
geeignete Bilder oder Zeichnungen von Kindern, Stifte

Beschreibung
Für diese Methode braucht es entweder in einem vorherigen Schritt von den Kindern erstellte Bilder oder Farbbilder, die so hell ausgedruckt wurden, dass die Kinder darauf malen können. Auch in Schwarz-Weiß ausgedruckte Zeichnungen können verwendet werden. – Die Kinder verstärken die Motive auf dem Bild, die sie am meisten ansprechen. Das können Handlungen sein, bestimmte Personen, Symbole und vieles mehr. Bei selbst gemalten oder aufgehellten farbigen Bildern können die Motive mit der passenden Farbe nochmals umfahren und so verstärkt werden. Alternativ können einzelne Motive stärker ausgemalt werden als andere. Bei Schwarz-Weiß-Bildern kann mit bunten Stiften hervorgehoben werden. Die Kinder, die möchten, können im Anschluss ihre Bilder der Gruppe vorstellen.

Praxisbezug
Buntstifte sollten kräftige Farben und bruchsichere Minen haben, damit mit ihnen wirklich deckend ausgemalt werden kann. Filzstifte decken gut, drücken beim mehrmaligen Übermalen aber schnell durch das Papier. Um das zu verhindern, sollten die Bilder auf dickerem Papier (mindestens 120 g) ausgedruckt werden.

Kompetenzen

Die Kinder können eigene Vorstellungen kreativ in ein bestehendes, selbstgemaltes oder ausgedrucktes Bild integrieren. Sie können auf diese Weise etwas Wichtiges hervorheben und ihr Werk den anderen vorstellen.

•• 1. Mose 15,1-7: Gottes Bund mit Abraham (Abram) / 2. Mose 12, 31-42: Der Auszug des Volkes Israel aus Ägypten / Lukas 18,15-17: Jesus und die Kinder/ Apostelgeschichte 2,1-13: An Pfingsten kommt der Heilige Geist

Ergänzungs-Collage

Die Kinder deuten einen Bildausschnitt und ergänzen dazu passende Motive.

Material
Bild zur Geschichte; DIN-A2-Tonkarton in Weiß, Stifte, Scheren, Klebstoff, weißes und farbiges Papier, evtl. Kataloge/Zeitschriften

Beschreibung
Die Kinder arbeiten in Gruppen von bis zu vier Kindern. Die Geschichte wurde bereits erzählt. Ein kopiertes oder gedrucktes Bild zur Geschichte wird auseinandergeschnitten und jede Gruppe erhält einen Bildausschnitt, der auf einen weißen DIN-A2-Tonkarton geklebt ist. Die Kinder erzählen einander, was sie auf dem Bildausschnitt sehen, und überlegen, was auf dem Tonkarton ergänzt werden soll, damit die gehörte Geschichte vollständig ist. Sie erstellen durch Malen, Reißen, Schneiden und Kleben die Motive, die sie am Schluss auf dem Tonkarton zu einer Collage ordnen und aufkleben.

Praxisbezug
Die Methode ähnelt der Methode „Bildlücken", wobei hier das Arbeiten in der Gruppe stärker in den Vordergrund rückt und unterschiedliche Materialien zum Einsatz kommen.

Variante

Auch als Einzelarbeit möglich. Jedes Kind erhält einen Bildausschnitt, den es auf stabiles Papier klebt und ergänzt.

Kompetenzen

Die Kinder können gemeinsam einen Bildausschnitt deuten und ein Bild weiterentwickeln. Sie können eigene Ideen einbringen, Absprachen treffen und miteinander bildnerische Prozesse realisieren. Die Kinder können Grob- und Feinmotorik trainieren, ihre Wahrnehmungsfähigkeit und Fantasie schulen und schöpferisch tätig sein.

•• 1. Mose 4,1-16: Der Bruder erhebt sich gegen den Bruder/ 2. Mose 20,1-17: Die Zehn Gebote Gottes für sein Volk / Matthäus 21,12-17: Jesus im Tempel / Lukas 22,14-23: Jesus feiert mit den Aposteln das Abschiedsmahl

Foto-Story

Szenen zu einer Geschichte stellen, sie fotografieren und dann zu einer Story zusammenfügen.

Material

1 Smartphone und 1 Foto-Story-Book pro Gruppe, Drucker (WLAN-fähig), Papier, Stifte, Scheren, Klebstoff

Beschreibung

Die Kinder in die Methode einführen und in kleine Gruppen einteilen. Sie erhalten je ein Foto-Story-Book, in dem ein Auftrag und Hilfen zur Umsetzung (Anzahl der Fotos, Hinweise zur Kulisse, Tipps zum Fotografieren) stehen. Die Umsetzung erfolgt in den Räumen vor Ort unter Einbeziehung vorhandener Gegenstände und Requisiten. – Arbeitsschritte: **1.** Die Kinder wählen eine bestehende (biblische) Geschichte oder denken sich eine kurze Geschichte aus und machen sich Notizen. **2.** Die Geschichte wird auf die vorgegebene Anzahl Bilder aufgeteilt und die Szenen werden probeweise gestellt. **3.** Die Geschichte wird fotografiert. Dafür erhält jede Gruppe ein Smartphone. **4.** Jede Gruppe druckt ihre Bilder aus und klebt sie aneinander. Die Foto-Story kann mit einem Titel, Sprechblasen und Bildunterschriften weiter ausgestaltet werden. **5.** Jede Gruppe stellt ihre Foto-Story vor. Oder es folgt eine stille Betrachtung der verschiedenen Foto-Storys durch die Kinder.

Praxisbezug

Schritt 3 kann verkürzt werden, indem eine erwachsene Person in Absprache mit den Kindern die Szenen fotografiert. Bilder vom Smartphone ausdrucken. Beim Android-Handy das passende Plug-In installieren, beim iPhone ist mit AirPrint werkseitig eine Druckmöglichkeit vorinstalliert. – Damit ausreichend Zeit für die Gestaltung bleibt, die Foto-Story über mehrere Gruppenstunden verteilen. Die Methode eignet sich ebenso für Projektarbeiten im Unterricht oder längere Programme in Jungschar, Kinderwochen und Freizeitcamps.

Kompetenzen

Die Kinder können aus vorgegebenen und eigenen Ideen Szenen entwickeln. Sie können eine Rolle einnehmen und szenisch spielen. Sie können Medien unter Anleitung einsetzen und visuelles und textliches Gestalten kombinieren.

•• 1. Mose 3,1-23: Die Menschen müssen den Garten Eden verlassen / 1. Samuel 9,1 – 10,1: Der junge Saul sucht entlaufene Eselinnen / Lukas 19,1-10: Jesus und Zachäus / Johannes 21,1-17: Jesus zeigt sich sieben Jüngern am See von Tiberias. Jesus und Petrus

Knautsch-Dinger

8+

Mit Knüllmaterial Gegenstände oder Symbole fertigen.

Material

Knüllmaterial, Tesafilm, Kreppband, Schnüre

Beschreibung

Als Knüllmaterial eignen sich Zeitungspapier, Packpapier, Papierpolster aus Verpackungsabfällen und andere formbare Materialien wie Aluminiumfolie. Zum Befestigen können Kreppband, Tesafilm oder Schnüre benutzt werden. – Die Kinder sitzen in kleinen Gruppen zusammen. Sie erhalten ausreichend Material und formen damit Figuren, zentrale Gegenstände oder ein Symbol einer biblischen Geschichte.

Praxisbezug

Es ist wichtig, den Kindern Raum zum Ausprobieren zu geben. Es braucht etwas Zeit, die Beschaffenheit der Materialien zu erkunden und Lösungen für plastische Objekte zu finden, z.B. Bälle knüllen für Körper, gerollte Röhren für Arme und Beine oder dünnere Stängel und Papierkügelchen zum Ausgestalten von Details. Das Experimentieren macht die Aufgabe besonders reizvoll. Deshalb sollte die Leitung nur eingreifen, wenn die Kinder wirklich Hilfe brauchen.

Kompetenzen

Die Kinder können fantasievoll knüllen und gestalten. Sie können mit Material und Technik experimentieren, ihr Werk mit einer biblischen Geschichte verbinden und deuten.

•• 1. Mose 32,23-33: Jakob ringt mit Gott / 2. Mose 32,1-8: Der selbst gemachte Gott: Das Goldene Kalb / Apostelgeschichte 19,23-40: Gefährliche Unruhen in Ephesus / Offenbarung 1,9-20: Der Auftrag an Johannes

Comic XXL

Auf großen Papierbögen einfache Comicbilder erstellen.

Material

Bibeln, Flipchart und Flipchart-Papier, dicke Filzstifte, Abdeckplane für den Boden, evtl. Schere

Beschreibung

Die Methode an einem Flipchart einführen: Wie kann ich mit einfachen Formen einen Körper malen – von vorn, von der Seite, stehend, laufend? Wie werden Gesichtsausdrücke gezeichnet? Ein offener Mund für „erstaunt sein", weit aufgerissene Augen für „erschrecken", lachender Mund für „glücklich sein". Wie werden Geräusche dargestellt? Z.B. mit „Peng", „Crash", „Wumm", „Zack". Den Unterschied zwischen einer Gedanken- und einer Sprechblase erklären. – Die Kinder arbeiten in Gruppen von bis zu vier Kindern. Sie erhalten einen Bogen Flipchart-Papier, dicke Filzstifte und den Bibeltext. Sie zeichnen mit dem Material ein Comic-Bild zur Geschichte. Damit später ein ganzer Comic-Strip entstehen kann, werden den Gruppen jeweils Ausschnitte des Bibeltextes zugewiesen, zu denen sie ein Comic-Bild malen. Nach einer halben Stunde die Malphase beenden. Die Gruppen finden sich zusammen und stellen ihre Comic-Bilder vor. Alle Bilder auf dem Boden als überdimensionalen Comic-Strip in eine sinnvolle Reihenfolge bringen.

Praxisbezug

Wenn vier Kinder an einem Bogen Flipchart-Papier arbeiten, kann es eng werden. Möglich wäre, dass die Kinder sich den Inhalt aufteilen und immer zu zweit an einer Längsseite arbeiten. Den Bogen dann vor der Präsentation in der Mitte längs auseinanderschneiden und die beiden Teile aneinanderreihen.

Kompetenzen

Die Kinder kennen den Aufbau eines Comics und dessen Sprachform (Überzeichnung der Figuren, Gesichtsausdrücke, Geräuschwörter, knappe Sprache). Sie können zu einer Handlung einfache Comic-Figuren entwickeln und sie mit Comic-Sprache ergänzen.

•• 1. Mose 29,1-30: Jakob kommt zu Laban und heiratet Lea und Rahel / 1. Mose 45,1-15: Josef gibt sich seinen Brüdern zu erkennen / Lukas 15,11-32: Der Vater und seine zwei Söhne / Apostelgeschichte 9,1-19a: Die Bekehrung von Saulus

Lapbook

Klappbuch zur kreativen Präsentation eines Themas.

Material
Vorlagen für Elemente zur Innengestaltung; farbiges Papier (Tonkarton, Tonpapier, Kopierpapier), Scheren, Stifte, Klebstoff/Klebestreifen, Schnüre/Klettbänder, evtl. Locher/Lochzange, Musterklammern

Beschreibung
Kreative Einzelarbeit zu Themenreihen (z.B. Ostern, Paulus, Kirche) oder als Gruppenarbeit, bei der jede Gruppe eine Seite gestaltet. – Arbeitsschritte: **1.** Lapbook als Präsentationsform vorstellen. **2.** Die Kinder überlegen, wie sie ihre Seite / ihr Lapbook gestalten wollen und stellen ihre Inhalte (Aufgaben, Bilder, Wissensvermittlung) zusammen. **3.** Für die Gestaltung gibt es Vorlagen und Material für Taschen, Umschläge, Ziehharmonika-Texte, Fächer, Klappkarten, Drehscheiben, Sprechblasen. **4.** Die Inhalte auf der Grundfläche arrangieren und befestigen. Als Grundfläche dient ein DIN-A3-Tonkarton, der auf DIN A4 gefaltet wird, oder ein DIN-A3-Karton mit zwei Seitenflügeln, die sich wie ein Tor schließen lassen.

Praxisbezug
Je jünger die Kinder sind, desto mehr Unterstützung brauchen sie bei der inhaltlichen Arbeit. Liegen z.B. Informationen und Bildmaterial zum Teil fertig aus, kann die Aufmerksamkeit dem gelten, was selbst erstellt wird. Ab ca. 11 Jahren können Kinder ein Lapbook weitgehend selbstständig erarbeiten.

Kompetenzen

Die Kinder setzen sich mit Inhalten auseinander, erarbeiten, vertiefen und arrangieren diese. Sie können Wissen kreativ gestalten und präsentieren.

•• 1. Mose 1,1-28: Die Erschaffung der Welt / Daniel 1,1-21: Daniel und seine Freunde am babylonischen Hof / Matthäus 6,5-15: Bergpredigt: Vom Beten (Das Vaterunser) / Apostelgeschichte 2,42-47: Das Leben der Gemeinde

Liegebilder

8+

Mit Liegebildern kreativ Bibeltexte inszenieren und dadurch neue Zugänge ermöglichen.

Material

Tücher, Seil, Kreide, evtl. Smartphone und Leiter

Beschreibung

Die Kinder stellen auf dem Boden liegend gemeinsam eine Szene aus einer Geschichte dar. Bei einer großen Kindergruppe oder je nach Thema mehrere kleine Gruppen bilden. Es kann sinnvoll sein, im Vorfeld Rollen zu definieren: Wer gibt Anweisungen? Wer liegt auf dem Boden und setzt die Ideen um? Für die Umsetzung lassen sich Gegenstände aus dem Raum einbeziehen. Tücher, Seile oder auch Kreide können genutzt werden, um weitere Inhalte hinzuzufügen. Auch Schriftzüge zu Themen sind möglich, indem die Kinder mit ihren Körpern die Buchstaben darstellen. Die Liegebilder können aus der Vogelperspektive mit dem Smartphone fotografiert oder gefilmt werden, dafür kommt eine Leiter zum Einsatz. Die Moderation greift die Liegebilder auf, vertieft und ermöglicht Perspektivwechsel, z.B. indem zwei Kinder Platz und Rolle tauschen.

Praxisbezug

Mithilfe dieser Technik kann Petrus, ohne unterzugehen, übers Wasser laufen oder Jesus in den Himmel aufsteigen. Es sind also auch Umsetzungen möglich, die stehend nicht realisierbar wären. Im Internet gibt es viele Ideen für den Bildaufbau.

Kompetenzen

Die Kinder können sich kreativ mit einer Geschichte auseinandersetzen. Sie können eine neue Perspektive einnehmen und sich selbst in ein Bild einfügen.

•• 1. Mose 28,10-22: Jakobs Traum von der „Himmelsleiter" / 1. Mose 37,12-36: Die Brüder verkaufen Josef nach Ägypten / Apostelgeschichte 1,4-11: Jesus nimmt Abschied von seinen Jüngern / 1. Korinther 12,12-31a: Das Bild vom Körper und seinen Teilen

Bible Art Journaling

Bibeltexte in einer Journaling-Bibel oder auf einem Blatt Papier kreativ gestalten.

Material

geeignete Materialien, Werkzeuge und Vorlagen (s. Downloads), 1 Journaling-Bibel oder 1 ausgedruckter Bibeltext pro Kind

Beschreibung

Bei dieser Methode geht es darum, Bibeltexte mit ganz verschiedenen Materialien zu dekorieren und zu illustrieren. – Die Kinder lesen, wenn noch nicht geschehen, den Bibeltext. Die Moderation spricht ein Gebet. Jedes Kind liest den Text nochmals für sich durch und denkt darüber nach: Was spricht mich an? Entsteht beim Lesen ein Bild in meinem Kopf? Dann geht es an die Gestaltung der Seite. Jedes Kind überlegt für sich, wie es den Text kreativ gestalten möchte und setzt das dann um.

Praxisbezug

Bei den ersten Durchführungen mit den Kindern gemeinsam austauschen, was jedem Kind im Text wichtig wurde. Erklären, worum es beim Journaling geht: Inhalte (z.B. bestimmte Worte und Verse), die berühren oder herausfordern, hervorzuheben, um sie nicht zu vergessen. Es geht also weniger darum, dass das Ergebnis gut aussieht.

Tipp

Der SCM Verlag bietet verschiedene Bücher zum Bible Art Journaling an. Inspiration bietet auch die Website von Tabea, Rebecca und Chris Becker, www.bibleartjournaling.de.

Kompetenzen

Die Kinder können beim Lesen eines Textes bildhafte Vorstellungen entwickeln. Sie können mit unterschiedlichen Materialien und Techniken experimentieren und diese für die Gestaltung nutzen.

•• 2. Mose 16,1-21: Gott sorgt für sein Volk / Psalm 23,1-6: Der Herr ist mein Hirt / Matthäus 5,43-48: Bergpredigt: Von der Feindesliebe / 1. Korinther 13,1-13: Nichts geht über die Liebe

Freies Gestalten

Mit verschiedenen Materialien und Techniken eigene Vorstellungen bildhaft ausdrücken.

Material

geeignete Materialien und Werkzeuge (s. Downloads)

Beschreibung

Den Kindern stehen verschiedene Materialien und Werkzeuge zur freien Verfügung. Durch deren Auswahl und Vorführung können Prozesse initiiert und angeregt werden. Das freie Gestalten verzichtet aber auf fertige Bastelvorschläge. Vielmehr sollen die Kinder ermutigt werden, ihre eigenen Ideen auszuprobieren und umzusetzen. – Material und Techniken einführen. Es soll dabei aber auch möglich sein, frei zu improvisieren und Materialien kreativ und anders als von den Mitarbeitenden vorgeschlagen einzusetzen. Es gibt beim freien Gestalten keinen vorgegebenen Ablauf. Einige Kinder werden sich einen Plan machen und gezielt nach Materialien suchen, bei anderen entsteht das Werk im Wechselspiel zwischen Suchen, Entdecken und Gestalten. Die Erwachsenen begleiten die Gestaltungsprozesse, halten sich aber mit konkreten Vorgaben zurück.

Praxisbezug

Kinder in ihren kreativen Prozessen zu begleiten, heißt, sich selbst zurückzunehmen und zunächst zu beobachten und wahrzunehmen, wo das einzelne Kind in seinem Tun steht. Manchmal sind Impulse oder auch Expertenwissen nötig, z.B. damit Kinder die Eigenschaften eines Materials oder den Umgang mit Werkzeugen und Befestigungsmaterialien kennenlernen.

Kompetenzen

Die Kinder können eigene Ideen entfalten und gestalten. Sie können plastisches und räumliches Vorstellungsvermögen entwickeln, ihre Gedanken und Gefühle bildhaft ausdrücken und verarbeiten.

•• Josua 4,1-24: Steine als Erinnerungszeichen / 1. Samuel 3,1 – 4,1a: Gott spricht zum ersten Mal mit Samuel / Matthäus 13,44-46: Der versteckte Schatz und die Perle / Lukas 22,39-46: Jesus betet im Garten Getsemani

Fingerstempel

6+

Mit den Fingern Bibelverse, Geschichten oder Comics stempeln und verzieren.

Material

stabiles Papier (120–160 g) und normales Kopierpapier (80 g), dünne Filzstifte (Fineliner), bunte Stempelkissen oder Wasserfarben und Pinsel, feuchte Tücher, evtl. 1 ausgedruckter Bibeltext pro Kind

Beschreibung

Das Material liegt an Tischen aus. Die Kinder nehmen zunächst normales Kopierpapier und probieren die Technik aus. Sie drücken einen Finger in ein Stempelkissen oder streichen etwas Farbe mit einem Pinsel auf einen Finger und drücken ihn auf das Papier. Sobald der Fingerabdruck trocken ist, wird er mit einfachen Strichen zum Leben erweckt: Ein Gesicht entsteht durch Augen, Mund, Nase, Ohren und Haare. Ein Körper durch Arme, Beine, Füße, Fühler, Schnabel, Schwanz oder Flügel. Anschließend können Karten, Lesezeichen, Bilder oder Bibelverse erstellt oder verziert werden. Auch kleine Comics aus Fingerstempeln sind möglich.

Praxisbezug

Wer zeichnerisch begabt ist, kann diese Technik mit der Methode „Bildlücken" verbinden: Mit wenigen Strichen wird ein wichtiges Element aus der Geschichte skizziert, z.B. Arche, Zelt, Boot, Haus. Dieses Bild wird für alle kopiert, die Kinder ergänzen das Bild dann mit Fingerstempeln.

Kompetenzen

Die Kinder können einen Inhalt für sich deuten. Sie können ihre Finger als Werkzeuge erproben und mit Farben eigene Ideen entwickeln und gestalten.

•• 1. Mose 18,1-15: Gott kündigt Abraham und Sara einen Sohn an / Psalm 139,1-18: Mein Schöpfer kennt mich durch und durch / Lukas 1,26-38: Die Geburt des Retters Jesus wird angekündigt / Lukas 5,17-26: Jesus heilt einen Gelähmten

Kleisterbilder

Mit Kleister, Farben und Werkzeugen experimentieren und zu einer Geschichte gestalten.

Material
stabiles Papier (160 g), Wasserfarben, Tapetenkleister, Pinsel, Werkzeuge zum Kratzen (Kamm, Zahnstocher, Pappstreifen, Pinselstiel, Gabel), Behälter für Kleister/Wasser, abwaschbare Tischdecken

Beschreibung
Tapetenkleister etwas dünner als auf der Verpackung angegeben anrühren. Die Kinder pinseln ihr Papier damit ein. Auf das noch feuchte Papier mit Wasserfarben malen. Danach vorsichtig mit verschiedenen Werkzeugen durch die Farbe ziehen (Wellen, Kreise, Striche). Dabei wird der farbige Kleister verdrängt und es entstehen spannende Konturen.

Praxisbezug
Das Einkratzen braucht Übung, damit das Papier nicht reißt. Am besten probieren die Kinder zunächst verschiedene Werkzeuge auf einem mit Kleister eingestrichenen und bemalten Papier aus. Dann bekommen sie ein Gefühl für die Technik und können sich für das Werkzeug entscheiden, das ihnen am meisten liegt.

Kompetenzen

Die Kinder können mit Farben und verschiedenen Werkzeugen gestalten und eine neue Technik anwenden. Sie können eigene Ideen zu einer Geschichte entwickeln und umsetzen.

•• 1. Mose 27,1-29: Rebekkas List. Jakob wird anstelle seines Bruders gesegnet / Rut 3,1-18: Rut wagt eine Bitte / Lukas 5,1-11: Die ersten Jünger / Apostelgeschichte 27,1-44: Paulus auf dem Weg nach Rom. Schiffbruch

Schaumbilder

Mit Rasierschaum, Farben und Werkzeugen experimentieren und frei oder zu einem vorgegebenen Inhalt gestalten.

Material

stabiles Papier (160 g), abwaschbare Tischdecke, Rasierschaum, Fingerfarben oder Acrylfarben, Pinsel, Werkzeuge (Holzstäbe, Gabeln, Kämme, Schaber), evtl. Bastelleim, Filz- und Buntstifte; Fotos zu den Techniken (s. Downloads)

Beschreibung

Die Kinder sitzen an Tischen, die mit abwaschbaren Tischdecken bedeckt sind. Mögliche Techniken (Details können mit Bunt- oder Filzstiften ergänzt werden): **Abziehbild:** Jedes Kind erhält eine Handvoll Rasierschaum und verteilt ihn vor sich auf der Tischdecke auf einer Fläche von der Größe eines DIN-A4-Blattes. Mit Farbe wird ein Motiv auf den Schaum gemalt, mit Werkzeugen wird zusätzlich gestaltet. Dann ein Papier auflegen und wieder abziehen. Nach fünf Minuten überschüssigen Schaum mit einem Schaber vom Papier entfernen. Das Bild bleibt bestehen. **Schaumbild:** Schaum mit Fingerfarbe färben und damit auf Papier malen. **Popup-Schaum:** Rasierschaum 1:1 mit Bastelleim mischen, dann färben. Es wird mit Pinseln auf Papier gemalt. Durch die Verbindung von Schaum und Kleber entstehen plastische Bilder, die ca. einen Tag lang trocknen müssen.

Praxisbezug

Schaumbilder sind durch die Konsistenz des Schaumes eher grob. Die Technik eignet sich weniger für feine Konturen oder detaillierte Darstellungen.

Kompetenzen

Die Kinder können mit Farben, Schaum und Werkzeugen gestalten. Sie können eigene Ideen zu einer Geschichte entwickeln, ausarbeiten und umsetzen.

•• 1. Mose 6,9-22: Gott gibt Noach den Befehl zum Bau der Arche / Jona 2,1-11: Ein Gebet in höchster Not / Markus 4,35-41: Im Sturm auf die Probe gestellt / Johannes 20,24-29: Jesus zeigt sich Thomas

Lege-Mosaik

Mit unterschiedlichen Plättchen und Steinen Mosaike auslegen.

Material

dunkle Tücher in verschiedenen Größen, geometrische Plättchen, Glas- oder Keramiksteine, Streumaterial aus Holz und Stoff (Blumen, Herzen); Behälter

Beschreibung

Geometrische Grundformen (Kreise, Vierecke, Dreiecke) aus verschiedenen Materialien, z.B. bunte Legeplättchen aus Holz oder Filz, liegen in Behältern aus. Als Untergrund eignen sich dunkle Tücher in verschiedenen Größen. Die Kinder bilden auf den Tüchern regelmäßige oder frei gestaltete Muster. Das kann in Einzelarbeit oder in Gruppen von bis zu drei Kindern geschehen. Die Mosaike können zum Schluss noch mit Streumaterial verziert werden.

Praxisbezug

Kinder werden mit dem Legematerial immer wieder Neues ausprobieren: Formen aneinanderreihen, Muster legen oder Bilder zu einer Geschichte gestalten. Dabei geht es weniger um das Sichtbarmachen einer Geschichte und deren Handlung. Mosaike legen wirkt entspannend und fördert Kreativität und Konzentration. Gedanken und Gefühle können ausgedrückt und spielerisch in ein Bild gebracht werden.

Varianten

Restpapier zu Mosaik-Plättchen schneiden und ein „Papier-Mosaik“ auf stabiles Papier oder Tonkarton kleben. Oder draußen ein „Natur-Mosaik“ aus Zapfen, Steinen, Eicheln, Beeren, Ästen, Blättern und anderen Naturmaterialien legen, die zuvor gesammelt wurden.

Kompetenzen

Die Kinder können mit Farben und Formen spielen und sie als Mosaik schöpferisch anordnen. Sie können sich auf das Material einlassen und ihre Eindrücke in Spiel und Gestaltung ausdrücken.

•• 2. Mose 17,8-16: Erhobene Hände bringen den Sieg / 1. Könige 19,1-18: Elija will aufgeben / Lukas 8,40-56: Jesus heilt eine kranke Frau und erweckt ein Mädchen vom Tod / Lukas 24,13-35: Jesus begleitet zwei Jünger auf dem Weg nach Emmaus

Reißbilder

Durch Reißen und Kleben mit verschiedenem Papier eine Collage (oder einzelne Bilder) gestalten.

Material

Bibel, Info-Material, farbige Tonkartons, kleine Behälter, Glanzpapier (oder normales Papier) in verschiedenen Farben, Schwämme, Eimer mit Wasser, Buntstifte, Bleistifte, Radiergummi, evtl. Klebestifte; Tücher zum Trocknen/Säubern der Hände

Beschreibung

Im Vorfeld viele bunte Papierschnipsel in verschiedenen Größen reißen und nach Farbe in kleine Behälter sortieren. Weiteres Papier zum Reißen bereitlegen. Am besten eignet sich Glanzpapier, da es eine gummierte Rückseite hat, die klebt, wenn sie befeuchtet wird. Das Papier wird auf einem feuchten Schwamm benetzt und aufgeklebt (alternativ normales Papier und Klebestifte verwenden). Als Untergrund eignet sich farbiger Tonkarton, z.B. Blau für Wasser, Grün für Landschaftsbilder. Mit Buntstiften Details ergänzen. – Die Kinder bilden kleine Gruppen oder arbeiten für sich. Jede Gruppe / jedes Kind arbeitet an einem Tisch. Sie erhalten Schnipsel, Schwämme und Tonkarton und gestalten zur Geschichte oder einem Ausschnitt der Geschichte eine Collage. Im Anschluss werden die Collagen der Gruppe vorgestellt.

Praxisbezug

Für viele Kinder ist es hilfreich, ihr Motiv mit einem Bleistift vorzuzeichnen und es dann mit den Schnipseln auszufüllen.

Kompetenzen

Die Kinder können sich selbst Wissen aneignen. Sie können eine Reiß-Technik anwenden und mit Papierschnipseln Motive zu einer Geschichte gestalten.

•• 2. Mose 20,1-17: Die Zehn Gebote Gottes für sein Volk / Jona 4, 1-11: Gottes Menschenliebe geht Jona zu weit / Lukas 9,10-17: Jesus macht fünftausend Menschen satt / Apostelgeschichte 28,1-10: Auf der Insel Malta

Wachs-Wasser-Malbild

6+

Mit Wachsmalstiften und Wasserfarben ein Bild zu einer (biblischen) Geschichte gestalten.

Material

Bibel, festes Zeichenblockpapier, Wachsmalstifte, Wasserfarben, Pinsel, Wasserbehälter

Beschreibung

Bei dieser Technik wird zuerst mit Wachsmalstiften auf Papier gemalt, danach wird das Bild mit Wasserfarben überstrichen. – Die Kinder sitzen an Tischen, alles benötigte Material liegt aus und wird zu Beginn erläutert. Arbeitsschritte: **1.** Die Kinder hören die Geschichte. **2.** Sie malen mit Wachsmalstiften ein Bild zu der Geschichte. Dabei müssen die Stifte fest aufgedrückt werden. **3.** Mit Pinsel und Wasserfarbe überstreichen die Kinder nun das ganze Papier. Dort, wo mit Wachsstiften gemalt wurde, perlt die Wasserfarbe ab.

Praxisbezug

Es ist wichtig, dass die Kinder mit den Wachsmalstiften fest auf das Papier drücken. Um die Kinder im Malprozess zu begleiten, reicht es meist, dass die Leitung Blickkontakt aufnimmt, lächelt, Interesse zeigt (z.B. „Ich sehe, du malst mit ganz verschiedenen Farben.", „Ich merke, du bist ganz in dein Bild vertieft."). Auf Bewertungen sollte verzichtet werden. Auch beim Lob steht ein Resultat im Vordergrund und nicht der Malprozess. Besser ist, das Kind in seinem

Tun zu würdigen („Du hast es geschafft."). In einem Gespräch mit der Gruppe helfen Fragen wie: Gibt es etwas auf dem Bild, worüber du etwas erzählen möchtest? Was war leicht umzusetzen, was schwierig? (Wenn eine neue Technik eingeübt wurde) Hast du einen Tipp für die anderen?

Variante

Nur die Konturen mit einem weißen Wachsmalstift fest aufmalen und alles wässrig, mit wenig Wasserfarbe, überstreichen. Freie Stellen mit dick aufgetragener Farbe ergänzen.

Kompetenzen

Die Kinder können einer Geschichte folgen. Sie können mit Farben gestalten und dabei mit den Wirkungen der Farben experimentieren.

•• Rut 2,1-23: Rut findet einen Beschützer / Daniel 5,1 – 6,1: Die rätselhafte Schrift an der Wand / Lukas 3,21-22: Jesus lässt sich taufen / Apostelgeschichte 8,26-40: Philippus und der Eunuch aus Äthiopien

Wollfaden-Bilder

6+

Mit verschiedenen Garnen Bilder zu Geschichten/Themen gestalten.

Material
stabiles Papier (120–160 g), Bleistifte, Garne unterschiedlicher Farben und Dichte (z.B. Baumwolle, Naturwolle, Filzwolle, Schafwolle, Effektwolle/Fransengarn, Leinen, Seide, Bambus, Makramee-Garn, synthetische Fasern), Scheren, Klebstoff, abwaschbare Tischdecken, evtl. Buntstifte

Beschreibung
Die Tische abdecken und gewähltes Material auf einem Nebentisch präsentieren. Die Kinder überlegen sich ein Motiv zur Geschichte oder zum Thema. Sie skizzieren auf einem stabilen Papier mit dem Bleistift die Umrisse des Bildes. Auf die Linien tragen sie nacheinander Klebstoff auf. Danach legen sie je einen Wollfaden nach Wahl auf die Klebstofflinie und drücken ihn leicht an. Durch unterschiedliches Material entstehen verschiedene Muster und Effekte. Für die Weiterarbeit am Bild können bestehende Umrisse mit weiteren Wollfäden spiralförmig ausgefüllt, mit Effektwolle/Fransengarn hervorgehoben oder mit Buntstiften bemalt werden.

Praxisbezug
Um Kosten zu sparen, können die Eltern gebeten werden, ihren Kindern Restwolle mitzugeben, evtl. Reste in einer Kiste aufbewahren. Wolle eignet sich für solche Bilder, aber auch für viele andere Bastelarbeiten und als Befestigungsmaterial.

Kompetenzen

Die Kinder können zu einer Geschichte Motive entwickeln. Sie können durch das Aufzeichnen von Formen und das Kleben mit Fäden gestalten und verbinden.

•• 1. Mose 39,1-20: Josef bei Potifar. Konflikt mit dessen Frau / Richter 6,11-24: Gott beruft Gideon zum Retter Israels / Matthäus 21,1-11: Jesus zieht in Jerusalem ein / Apostelgeschichte 16,11-15: Paulus in Philippi: Die Bekehrung von Lydia

Filzen

6+

Mit Märchenwolle kreativ zu einem Inhalt gestalten.

Material

Märchenwolle, geriebene Naturseife, Wasser in kleinen Behältern, (Filz-)Nadeln und Faden, 1 Schaumstoff/Schwamm pro Kind, Scheren; evtl. Tonpapier, Klebstoff, Stifte; 1 Tüte pro Kind

Beschreibung

Die Kinder sitzen an Tischen. Techniken: **Trockenfilzen:** Märchen- oder Filzwolle wird mit speziellen Filznadeln mit Widerhaken so verdichtet und verfilzt, dass Formen entstehen und Teile verbunden werden können. Als Unterlage (und um die Finger vor den Nadeln zu schützen) eignen sich Schaumstoff oder Schwämme. **Nassfilzen:** Etwas Naturseife wird in aufgewärmtem Wasser aufgelöst. Als Material eignet sich gekämmte Märchenwolle. Das Wasser sollte die ganze Zeit über warm bleiben. Zu Beginn also nur wenig Wasser und Seife in die Schälchen gießen und dann immer wieder nachfüllen. Durch Anfeuchten der Wolle und anschließendes Reiben entstehen die gewünschten Formen (ausführliche Anleitungen sind im Internet zu finden). Dickere Objekte brauchen Zeit zum Trocknen. Die Werke den Kindern in einem Behältnis, z.B. einer Tüte, mit nach Hause geben. – Mit beiden Techniken lassen sich Bänder, Kugeln, Blüten, Herzen, Fingerpuppen usw. formen, die gefilzten Objekte können mit Nadel und Faden, Tonpapier und Farbstiften weiter gestaltet werden. Der Fantasie sind keine Grenzen gesetzt.

Praxisbezug

Filzen hat etwas Meditatives und ist damit gut geeignet, um die Kinder nach einer Geschichte wieder bei sich selbst ankommen und sich und ihre Gedanken kreativ ausdrücken zu lassen.

Kompetenzen

Die Kinder kennen Märchenwolle und ihre Eigenschaften. Sie können sich auf ein Material einlassen und damit kreativ experimentieren.

•• 1. Samuel 1,1-20: Gott hört Hannas Gebet / 1. Könige 17,1-16: Gott sorgt für seinen Boten Elija / Lukas 15,1-7: Das verlorene Schaf / Apostelgeschichte 3,1-10: Ein Gelähmter wird geheilt

Frottage

8+

Oberflächen von Gegenständen mittels Durchreiben mit Bleistift oder Farbe auf Papier übertragen und zu einem Bild gestalten.

Material

normales und stabiles Kopierpapier (80 g / 160 g); weiche Bleistifte, Buntstifte, Wachsstifte, bunte Kreide, Zeichenkohle; Gegenstände und Naturmaterialien mit strukturierter Oberfläche (Stoffe, Gewebe, Tüll, Knöpfe, Rinde, Blätter, Holz, Steinplatten, Federn, Maschendraht, Münzen); Scheren, Klebstoff, großes Plakat

Beschreibung

Die Kinder in die Technik und das Material einführen. Sie machen sich zunächst mit der Technik vertraut und probieren verschiedene Stifte und Gegenstände aus. Dazu wird ein Papier über ein Material gelegt und die Oberfläche mittels eines Stiftes durchgerieben. Frottagen, die die Kinder weiterverwenden möchten, werden entsprechend zugeschnitten und gesammelt. In einem zweiten Schritt ordnen die Kinder ihre geschnittenen Frottagen auf einem stabilen Papier nach Belieben an und kleben sie auf.

Praxisbezug

Viele Frottagen sind Schwarz auf Weiß. Je nach Thema sind jedoch farbige Wachsstifte / bunte Kreiden besser geeignet, z.B. um Kontraste herauszuarbeiten. – Die Frottage eignet sich auch als Gruppenarbeit. Die Gruppe überlegt sich Motive. Die Arbeit wird aufgeteilt, fertige Elemente auf einem A2-Bogen anordnen und festkleben.

Kompetenzen

Die Kinder kennen die Durchreibetechnik der Frottage. Sie können mit verschiedenen Materialien und Werkzeugen experimentieren und eine Frottage gestalten.

•• 2. Mose 7,1 – 12,30: Die ägyptischen Plagen / Jesaja 6,1-13: Jesaja berichtet über seine Berufung zum Propheten / Matthäus 13,31-33: Senfkorn und Sauerteig: Der entscheidende Anfang ist gemacht / Offenbarung 21,1-5: Der neue Himmel und die neue Erde

Fensterbild

Mit Farbe oder Papier auf einem Fenster gestalten.

Material

Farben nach Wahl, z.B. Kreidemarker oder Fingerfarben; feuchte Tücher, evtl. Pinsel, Behälter für Mischfarben; evtl. Stühle, Leiter, Glasreiniger und Fensterputzlappen

Beschreibung

Mit den Kindern Motive für ein Fensterbild entwickeln und das Fenster oder mehrere Fenster aufteilen. Die gewählte Technik erklären, Größe der Motive besprechen und Aufgaben verteilen. Zwei mögliche Techniken: **Kreidemarker:** Die Kinder erhalten farbige (oder nur weiße) Kreidemarker. Die Stifte vor der Anwendung gut schütteln und auf einem Papier pumpen, bis die Farbe kommt. Mit den Stiften direkt auf das Fenster malen. Immer von oben nach unten malen, damit die Farbe nicht mit der Hand verwischt wird. **Fingerfarben:** Falls nötig, zusätzliche Farben im Vorfeld mischen. Immer mehrere Pinsel einer Farbe zuordnen. Die Kinder malen ihre Motive mit dem Pinsel. Bei einem Farbwechsel wechseln sie auch den Pinsel. – Bei beiden Techniken lassen sich Fehler mit einem feuchten Tuch korrigieren. Werden höhere Fenster bemalt, sollten Stühle oder eine Leiter bereitstehen, damit die Kinder ihre Malfläche gut erreichen können.

Praxisbezug

Je nach Regelung für den Gruppenraum müssen die Fensterbilder nach der Gruppenstunde mit Glasreiniger wieder entfernt werden. In diesem Fall könnten mit einem Smartphone Fotos von den fertigen Fensterbildern gemacht, ausgedruckt und im Gruppenraum aufgehängt werden, damit die Bilder nicht direkt wieder „verschwinden".

Varianten

Fensterbilder können auch aus Ton- und Transparentpapier, mit Window-Color oder auf „normalem" Malpapier, das vor dem Aufhängen mit Öl bestrichen wird, gestaltet werden.

Kompetenzen

Die Kinder können gemeinsam unter Anleitung ein Fensterbild planen und Absprachen treffen. Sie können eigene Ideen zu einer Geschichte oder einem Thema entwickeln und diese mit Farben großflächig umsetzen.

•• 1. Mose 9,1-17: Gottes Friedensbund mit den Menschen und Tieren / 2. Mose 2,1-10: Israels künftiger Retter wird aus dem Wasser gerettet / Lukas 2,1-20: Jesus, der Retter, wird geboren / Lukas 24,1-10a: Die Frauen am leeren Grab

Bruchstück-Bilder

Aus Scherben und Teilstücken etwas Neues gestalten.

Material

Mosaik-Scherben aus dem Bastelbedarf, Glas-, Porzellan- und Tonscherben, Bruchfliesen, zerbrochene Gegenstände; Hammer, Zange, Holzbrett, Schleifpapier; Klebstoff (je nach Material Konstruktionsklebstoff, Sekundenkleber oder Heißleim), dunkle Acryl-Farben, Pinsel, 1 Untergrund je Kind (Graupappe, Spanplatte, Pappteller, Käseschachtel); Fotos zu den Techniken „Mosaik-Kunst" und „Bruch-Mal-Bild" (s. Downloads)

Beschreibung

Verschiedene Scherben werden in Behältern ausgelegt. Scherben aus dem Handel haben keine scharfen Kanten und sind daher auch für jüngere Kinder geeignet. Ältere Kinder können nach einer Einführung auch Bruchstücke aus Glas, Ton, Porzellan oder Keramik verwenden. Um diese zu zerkleinern, werden Holzbretter, Zangen und Hammer benötigt, Schleifpapier glättet scharfe Kanten. – Die Kinder gestalten entweder frei oder zu einem bestimmten Thema. Der Untergrund, auf dem das Bild gestaltet wird, sollte stabil sein. Er kann zusätzlich mit Acrylfarben (Kontrastfarben zu den Scherben) bemalt werden. Die Kinder kleben dann ihr Mosaik mit dem gewünschten Motiv auf den Untergrund.

Praxisbezug

Im Vorfeld ausprobieren, ob die Mosaike mit dem gewählten Klebstoff haften. Steine mit unebenen Flächen halten besser, wenn sie einzeln bestrichen und aufgeklebt werden.

Kompetenzen

Die Kinder können mit Mosaikstücken Formen und Muster entwerfen. Sie können Flächen gestalten und unterschiedliche Materialien verbinden.

•• Jesaja 9,1-6: Hoffnung für die Verzweifelten / Daniel 6,11-29: Gott schützt Daniel in der Löwengrube / Lukas 22,54-62: Petrus verleugnet Jesus / Johannes 2,1-12: Die Hochzeit in Kana

Knetfiguren

Mit Ton oder Knetmasse schöpferisch tätig werden, Figuren und Gegenstände zu einem Thema gestalten.

Material

Ton oder Knetmasse, 1 Spanplatte pro Kind als Unterlage, Behälter für Wasser, Werkzeuge aus dem Handel oder alternative Werkzeuge: Messer, Gabeln, Nudelholz, verschiedene Holzstäbe, Schaber, Fensterleder zum Glätten, Schwämme, Tüten

Beschreibung

Die Kinder sitzen in Gruppen von vier bis sechs Kindern an Tischen. Material und Werkzeuge einführen. Jedes Kind sucht sich für sich oder in Absprache mit der Gruppe eine Aufgabe. Dann wird geformt. Das Material zu Beginn mit dem Handballen auf einer Spanplatte gut durchkneten. Die Tiere am besten am Stück formen. Werden beim Arbeiten mit Ton Teile angesetzt, z.B. Beine, dann entweder die Ansatzstellen auf beiden Seiten aufrauen, den Ton mit Wasser benetzen und die Teile ansetzen; oder mit einem Holzstab eine kleine Vertiefung bohren, anfeuchten, das anzufügende Teil einsetzen und verstärken. Beim Arbeiten mit Knetmasse ist es wichtig, die Übergänge zwischen beiden Teilen sauber zu verstreichen.

Praxisbezug

Formbare Materialien wie Knetmasse oder Ton üben einen starken Reiz aus. Das plastische Gestalten kann den Kindern helfen, einem Text Ausdruck zu verleihen und ihn so tiefer zu begreifen. Menschen, Tiere oder Gegenstände, die durch das Kneten und Formen entstehen, lassen sich leicht mit eigenen Erfahrungen oder Kenntnissen verbinden. – Es gibt lufttrocknenden Ton und Knetmasse für den Elektro-Ofen. Für die Wahl des Materials sind die Gegebenheiten vor Ort wichtig: Gibt es einen Ofen, in dem die Knetmasse gehärtet werden kann – vielleicht sogar einen richtigen Brennofen? Braucht man ggf. eine Person, die sich mit dem Gerät auskennt? Gibt es einen Ort, an dem die Werke lang genug trocknen können, ohne im Weg zu sein? Kleine Figuren aus lufttrocknendem Ton können auch zum Trocknen nach Hause mitgegeben werden. Für den Transport Verpackungsmaterial wie Tüten und Schalen bereithalten.

Kompetenzen

Die Kinder können durch Ertasten und Formen das Material wahrnehmen und ihre Feinmotorik schulen. Sie kennen das Verfahren, wie plastische Objekte gestaltet werden, und können mit diesem Wissen eigene Ideen erproben und umsetzen.

•• 1. Mose 2,4b-25: Der Mensch im Garten Eden (Das Paradies) / 1. Mose 13,1-18: Abraham (Abram) und Lot trennen sich / Matthäus 7,24-27: Das Gleichnis vom Hausbau / Lukas 10,25-37: Das wichtigste Gebot. Das Beispiel des barmherzigen Samariters

Assemblage

8+

Plastische Objekte gestalten, anordnen und auf einer Grundplatte zu einem Kunstwerk anordnen.

Material

Acrylfarben, Pinsel, Wasserbehälter, Klebstoffe und Befestigungsmaterial, Werkzeuge, verschiedenes Verpackungsmaterial, Papier, Pappe, Wellpappe, Naturmaterialien, Körbe/Behälter für das Material, Platten aus Sperrholz oder Graupappe

Beschreibung

Im Vorfeld das Material in Körben und Behältern bereitstellen, ebenso Farben, Pinsel, Werkzeuge und geeignete Klebstoffe und Befestigungsmaterialien wie Schnüre, Nägel und Draht. Als Untergrund eignen sich Platten aus Sperrholz oder Graupappe. – Die Kinder setzen sich an Tische. Nach der Einführung in das Material erhält jedes Kind eine Platte und gestaltet frei zur Geschichte. Die Leitung begleitet die Gestaltungsprozesse, hilft beim Einsatz des Materials und der Werkzeuge, hält sich aber mit konkreten Vorgaben zurück. Im Anschluss können die Kunstwerke nach Absprache mit den Kindern ausgestellt werden.

Praxisbezug

Damit ausreichend Zeit für die Gestaltung der Werke zur Verfügung steht, eignet sich diese Methode besonders für Projektarbeiten im Unterricht oder längere Programme in Jungschar und Freizeitcamps.

Kompetenzen
Die Kinder können eigene Ideen entfalten, Material kombinieren und Mal- und Klebetechniken anwenden. Sie können räumliches Vorstellungsvermögen entwickeln und ihre Gedanken und Gefühle bildhaft ausdrücken und verarbeiten.

•• 2. Mose 3,1-15: Gott braucht Mose für seinen Plan und gibt sich zu erkennen / 4. Mose 13,1-33: Erkundung des Landes Kanaan. Bericht der Kundschafter / Matthäus 13,1-9.18-23: Das Gleichnis von der Aussaat / Lukas 23,33-49: Jesus stirbt am Kreuz

Miniaturmodell

Freies Konstruieren dreidimensionaler Objekte mit verschiedenen Materialien und Werkzeugen.

Material

Wellpappe, Karton, Papier, Styropor, Eisstängel, Streichhölzer, Scheren, Klebstoff, Tacker, Schneidemesser, Bindfäden; Unterlagen, auf denen das Miniaturmodell errichtet wird; Abdeckpapier; evtl. ein Lexikon für Kinder

Beschreibung

Beim freien Bauen und Konstruieren kleiner Modelle reizt nicht nur das fertige Produkt, auch der Entstehungsprozess fasziniert und macht viel Freude. – Das Material liegt auf Tischen an einer Seite des Raumes aus. Die Kinder in das Material und einige Techniken einführen. Als Modellbauerinnen und Modellbauer bilden sie Teams von bis zu vier Kindern und bauen einfache dreidimensionale Objekte, wie z.B. Gebäude aus der Zeit der Bibel. Sie sprechen zuerst über das, was sie bauen wollen und teilen die Aufgaben ein. Ein Lexikon kann zeigen, wie ein Gebäude / Instrument / Gegenstand in etwa ausgesehen hat. Dann wird im zweiten Schritt gebaut.

Praxisbezug

Am günstigsten ist es, im Vorfeld verschiedene Verpackungs- und Baumaterialien im Kollegium oder Team zu sammeln. Auch die Kinder können gebeten werden, zu Hause passendes Baumaterial zu sammeln (z.B. Eisstängel, Verpackungsreste, ...) und mitzubringen. Diese können durch Streichhölzer, Holzstäbe und Papier ergänzt werden, falls nötig. Reste können ggf. für spätere Basteleien im Gruppenraum gelagert werden.

Kompetenzen

Die Kinder können ihrer Fantasie Ausdruck verleihen und dadurch die biblische Geschichte abbilden. Sie können handwerkliche Fähigkeiten und mathematisches Verständnis einbringen und entwickeln. Sie können erleben, wie durch gemeinsame Arbeit etwas Schöpferisches entsteht.

•• Josua 6,1-21: Die Mauern Jerichos fallen / 1. Könige 6,1-13: Salomo baut Gott einen Tempel / Lukas 4,14-30: Jesus wirkt in Galiläa und wird in Nazaret abgelehnt / Epheser 6,10-17: Die Waffen Gottes

Autorin und Illustratorin

Sara Schmidt, Jahrgang 1974, Erzieherin mit theologischer Ausbildung, ist seit über zwanzig Jahren im gemeindepädagogischen Bereich mit Kindern tätig. Sie ist als Autorin und Referentin mit Schwerpunkt Kindergottesdienst und Bibeldidaktik beim Bibellesebund Schweiz angestellt. Außerdem engagiert sie sich im Herausgeberkreis der Zeitschrift „SevenEleven", als „Godly-Play"-Fortbildnerin und im Organisationsteam der schweizer Konferenz „Kinder im Fokus". Sie ist Mutter einer erwachsenen Tochter und lebt im Berner Oberland. Ehrenamtlich bringt sie sich in der Gemeindeleitung ihrer Freikirche ein und feiert regelmäßig mit Kindern Gottesdienst.

Bianca Stegmaier, Jahrgang 1973, lebt mit ihrem Mann und ihren beiden Kindern in Baden-Württemberg. Sie arbeitet seit 2011 als freie Illustratorin für den Bibellesebund Schweiz und erachtet es als Privileg, Kindern die Bibel durch fröhliche Zeichnungen näherbringen zu dürfen.